Regina Groot Bramel

Tierisch Weise

Überraschende Begegnungen mit liebenswerten Lebewesen

Inhalt

Einladung

Wenn du heute gefragt würdest, was dir im Leben wirklich wichtig ist – was würdest du antworten?

Über Werte wird zurzeit viel gesprochen. Wir brauchen sie zur Orientierung. Sie geben uns Sicherheit und schaffen Verbindung. Früher war es einfacher als heute, denn in unserer inklusiven, toleranten, vielfältigen Gesellschaft können wir frei entscheiden, wie wir leben wollen. Wir können steuern und die Anker selbst setzen, vorausgesetzt, wir durchkreuzen dabei nicht die Routen der anderen. Und wir haben die Qual der Wahl. Freiheit ist nicht einfach. Wir müssen sie gestalten.

Werte sind Vorstellungen, Ideale, Visionen. Sie nehmen durch unsere Erlebnisse und Erfahrungen Gestalt an. Sie werden erst durch unser Handeln Wirklichkeit. Nicht auf Vorrat, nicht einfach zu erledigen und abzuhaken – sie müssen immer neu geschaffen werden.

Viele Menschen, die nach ihren Werten gefragt werden, nennen an erster Stelle „Freundschaft". Freundschaften bewahren vor Einsamkeit. Sie bedeuten Unterstützung und Hilfe. Die mit einem guten Freund geteilte Freude zählt doppelt. Freundschaften sind oft unkomplizierter als Liebesbeziehungen. Manche Freundschaften dauern vom Kindergarten bis zum Seniorenheim. Auch Sendepausen können eine gewachsene Freundschaft nicht wirklich unterbrechen. Man knüpft einfach da an, wo man zuletzt aufgehört hatte, als läge nur ein Tag dazwischen.

Freundschaft ist ein Geschenk. Nicht jeder Mensch hat das Glück, mit einem besten Freund, einer liebsten Freundin durch Dick und Dünn zu gehen. Trotz oder gerade wegen der heute allgegenwärtigen endlosen digitalen Kommunikation fühlen sich viele Menschen einsam. Fünfhundert fiktive „Freunde" auf facebook helfen nicht gegen chronische, krankmachende Einsamkeit. Wir wollen nicht nur „likes", ein Daumen-hoch-Symbol auf Whatsapp, wir wollen wirklich gemocht werden. Wir brauchen Verbindungen, in denen uns ein Gegenüber mag, leiden kann, aushält. Es muss nicht unbedingt ein menschliches Wesen sein.

Seit die Menschheit begonnen hat, Tiere zu domestizieren, anstatt sie nur zu jagen, gibt es freundschaftliche Beziehungen zwischen Mensch und Tier. Wortlose Verständigung ist eines der Kennzeichen solcher positiver Verbindungen. Die Sprache ist eben nicht nur ein Verständigungsmittel, sondern auch die Quelle vieler Missverständnisse. Häufig werden Worte zwischen Menschen sogar wie Waffen eingesetzt und erzeugen empfindliche Verletzungen.

Tiere machen keine großen Worte und keine leeren Versprechungen. Sie sind vorurteilslos. Sie beurteilen uns nicht aufgrund äußerer Merkmale, aber sie haben einen „Riecher" dafür, wer es gut mit ihnen meint.

Sie spiegeln uns unseren Gemütszustand und tragen gleichzeitig dazu bei, ihn zu stabilisieren. Der Umgang mit ihnen tut gut, macht Mut, verhilft zu gesteigerter Lebensfreude und fördert das Gemeinschaftsgefühl. Tiere lehren uns Geduld. Sie fordern uns heraus, zur Übernahme von Verantwortung und Zuverlässigkeit, Kooperation und Empathie, Disziplin und Kreativität.

Im Umgang mit Tieren erleben und erlernen wir Grundwerte, die uns auch in anderen Lebenszusammenhängen tragen und stärken. Von solchen wert-vollen Erfahrungen mit unseren Mit-Geschöpfen handelt dieses Buch.

WAS GEDULD IST

Nicht einfach abwarten und Tee trinken
Nicht tatenlos die Zeit verstreichen lassen
Nicht nur Däumchen drehen oder am Handy hängen

Etwas wünschen, herbeisehnen, erwarten
Sich auseinandersetzen und beschäftigen
Pläne schmieden und Fragen stellen

Warten können ohne aufzugeben
Dranbleiben und verhandeln
Stillsitzen und die Vorfreude kribbeln spüren

Der Junge wünscht sich ein Tier. Viele Kinder wünschen sich Tiere – zum Streicheln, Kuscheln, Bürsten, Mit-ins-Bett-Nehmen. Und viele Eltern klagen darüber, dass die Begeisterung nach kurzer Zeit nachlässt und es zuletzt an ihnen hängen bleibt, die Hamsterkäfige zu säubern und mit dem Hund Gassi zu gehen.

Aber bei diesem Jungen ist es etwas anderes. „Er ist ein Problemkind", sagen sie seit dem Kindergarten. „Er hat eine frühkindliche Bindungsstörung", diagnostiziert der Kinderpsychologe. „Er nervt!", finden seine Klassenkameraden. Seine kurze Lebensgeschichte ist voller trauriger Abbrüche und Enttäuschungen. In seinen Unterlagen ist ein fürchterlicher Begriff festgehalten: „Alleinstehender Säugling". Wer erfindet solche Worte? Was soll man sich darunter vorstellen? Ein Säugling kann nicht allein überleben, wenn er liegengelassen wird. Selbstständig stehen, zu sich selber stehen, seinen Mann, seine Frau stehen – kann nur, wer als kleiner Mensch getragen und zuverlässig versorgt wurde.

Er hat sich eine harte Schale zugelegt, einen Panzer aus Abwehr, lässt nichts an sich heran, zieht sich zurück, wenn es verbindlich wird, lässt sich auf Nähe nicht ein. Er präsentiert sich unabhängig von der Welt der Erwachsenen, wo seine

Bedürfnisse schon so oft ignoriert wurden. Aber nun wünscht er sich ein Tier! Nicht irgendein Tier, er wünscht sich eine Schildkröte!

Seine neuen Eltern sind von dieser Wahl zuerst überrascht. Er ist doch so sprunghaft, ungeduldig, immer in Bewegung, ein guter Läufer – vielleicht weil er auch ein guter Wegläufer ist, ein Vermeider? Wird er sich nicht schon am zweiten Tag langweilen mit einem Tier, das die personifizierte Langsamkeit ist? Eine Schildkröte, so lesen sie gemeinsam im Sachbuch nach, ist kein Tier zum Herumtragen und Anfassen. Es braucht ein eigenes Terrain, in dem es sich frei bewegen kann. Es braucht Rückzugsmöglichkeiten und verkriecht sich gern. Es will nicht mit immer gleichem Grünzeug gefüttert werden, sondern liebt die Abwechslung in den Kräutern und Gräsern, die man ihm rupft. Im Winter hält es eine etwa fünf Monate andauernde Ruhe, im Idealfall bei gleichbleibender Temperatur im Kühlschrank!

Die lange Winterpause gibt den Ausschlag. So eine Schildkröte ist unabhängig und nur die Hälfte der Zeit über zu versorgen. Das überfordert die Eltern nicht, falls das Kind die Freude daran schnell verlieren sollte.

Er lächelt, freut sich auf den Tag, an dem er sie aussuchen darf. Er wählt ein Jungtier, wenig größer als seine Hand. Es lebte bislang in einem Familienverband. Als er es schon in die vorbereitete Transportbox setzen will, hält er inne, schaut sich um, mustert die anderen Tiere, die in einem flachen Becken baden oder sich sonnen.

„Sie wird einsam sein, wenn sie plötzlich alleine leben soll!", sagt er ernst.

Die Eltern schauen sich erstaunt an. Zum allerersten Mal erleben sie ihn einfühlsam, besorgt um die Befindlichkeit eines anderen Wesens.

Was bleibt anderes übrig, als mit zwei Schildkröten nach Hause zu fahren?

Er sitzt zufrieden auf dem Rücksitz und hält den Kasten fest, damit den beiden darin nicht schwindelig wird ...

Zuerst wohnen sie auf dem Balkon. Ein Terrarium im Garten ist gar nicht so einfach zu verwirklichen. Es gibt vieles zu bedenken, der Stand der Sonne ist wichtig, die Beschaffenheit des Untergrundes, die Installation einer Wärmelampe für kühle Tage.

„Wir hätten auch ein Pony anschaffen können", stöhnt der Vater während der baulichen Maßnahmen. Das Gute daran ist die Verbindung, die durch gemeinsames Arbeiten entsteht.

Dann ziehen die beiden gepanzerten Freunde ein. Und der kleine Mensch legt seinen eigenen

Panzer manchmal ab, wenn er sie beobachtet. Er sitzt im Gras und wartet geduldig, bis sie endlich vorsichtig den Kopf aus ihrem Gehäuse strecken. Er stupst sie nicht auf die Nase, wie viele andere Kinder es tun, um sie dazu zu bringen, sich schnell zurückzuziehen. Er schaut ihnen einfach zu. Er freut sich über ihre Erkundungsgänge entlang der Begrenzung. Er scheint sich selbst wiederzuerkennen, ein Grenzgänger, der immer wissen will, ob die Grenze von gestern auch heute noch gilt! Er klingelt beim Nachbarn und fragt höflich, ob er ihnen ein paar von den Walderdbeeren pflücken darf, die auf dessen Bienenweide zwischen den bunten Blumen wachsen.

An dem Tag, an dem er erstmals einen Schulkameraden mitbringt, um ihm seine Schildkrötenresidenz zu zeigen, sind die Eltern sicher, eine gute Entscheidung getroffen zu haben!

Annemarie wirft den Staubsauger an, um die herumwirbelnden Schmutzpartikel im Wintergarten zu beseitigen. Sie denkt an die kurze Szene einige Tage zuvor …

„Es ist nur vorübergehend! Eine Freundin holt ihn in vier Wochen ab und übernimmt ihn, wenn sie aus dem Praktikum kommt!", hatte der jüngste Sohn gesagt und ihr den Käfig mit dem Federvieh auf den Gartentisch gestellt. Er war im Begriff, sein Auslandsjahr anzutreten und seine Studenten-WG zu verlassen, wo er mit dem Vogel gehaust hatte. Deshalb schleppte er Kisten und Hausrat an und verlieh damit dem Speicher ein Flair von Flohmarkt, das sich ansonsten im wohlgeordneten elterlichen Haushalt nicht fand. Und zur Krönung präsentierte er den leicht verbeulten Vogelbauer mit dem leuchtendblauen Wellensittich darin.

„Ich hab ihn morgens beim Joggen im Park gefunden. Der Arme saß halb verhungert zwischen einem Haufen von Spatzen, die ihn ignorierten. Wie ein Punker in der grau-braunen Menge. Mit seinem gebogenen Schnabel hat er nichts Geeignetes zu picken gefunden. Ich konnte ihn mit der Hand fangen. Es war gar nicht so einfach, ihn aufzupäppeln!"

Das passt zu ihrem Jüngsten, denkt seine staubsaugende Mutter mit einem innerlichen Kopfschütteln. Er ist etwas aus der Art geschlagen. Trägt im Frühjahr nachts Kröten über die Straße, die er zuvor mit einer Gruppe Gleichgesinnter eingesammelt hat, damit sie auf ihrem Weg ans Wasser zur Fortpflanzung nicht plattgefahren werden. Beteiligt sich an Petitionen gegen die Haltung von Zirkustieren, das Schreddern von Eintagsküken und zu vielen weiteren tierschutzrelevanten Themen. Der zottelige Riesenhund, den er im ersten Semester von irgendwelchen Pennern übernommen hatte, war schließlich an Altersschwäche gestorben, nachdem er bei ihm einen zahnlosen, friedlichen Lebensabend verbracht hatte.

„Kümmere dich lieber um dein Studium, du bist schließlich nicht zum Zeitvertreib an der Uni!", sagte sein Vater, wenn der Sohn bei seinen nicht sehr häufigen Besuchen davon erzählte. Der Junge verdrehte die Augen und schwieg gekränkt. Die Mutter fühlte sich unwohl, zwischen den Fronten wie so oft, konnte nicht vermitteln und hielt sich raus. Übte sich in Geduld oder vielmehr im Dulden und Erdulden. Gerne wäre sie ihrem Mann in die Parade gefahren, hätte den Sohn in Schutz nehmen wollen. Sie deckte stattdessen den Kaffeetisch mit dem Kuchen, den sie gebacken hatte, ohne sich Gedanken darüber zu machen, unter wel-

chen Bedingungen die sechs Eier, die sie hineinge-
rührt hatte, erzeugt worden waren. Sie litt unter
der Fremdheit, die sich zwischen Eltern und Sohn
schob wie ein Schneebrett, ohne etwas dagegen zu
tun. „Wie ein geduldiges dummes Schaf!", denkt
sie jetzt. Gibt es wohl eine ungute Art von Geduld,
die Entwicklung verhindert?

Mit ihrem Mann hat sie nie darüber geredet. Er
war schon immer nüchtern, sachlich, korrekt, ef-
fizient, ordentlich und beurteilte Vorkommnisse
und Sachverhalte ausschließlich nach dem Grad
ihrer vermeintlichen Nützlichkeit. Kosten-Nut-
zen-Kalkulationen waren sein beruflicher Lebens-
inhalt gewesen.

Das hinterlässt eben Spuren, denkt sie, wenn
sie ihn unkrautbekämpfend im Garten beobachtet, wo makellose Rabatten den englischen Rasen
säumen. Seit seiner Pensionierung im letzten Jahr
ist er ein wenig aus dem seelischen Gleichgewicht
geraten. Er wirkt oft abwesend, seltsam müde,
antriebslos. Womöglich, weil er sich selber nicht
mehr nützlich genug vorkommt?

Es gibt keine besonderen Aufgabengebiete für
ihn. Das Wohneigentum ist abbezahlt, das Auto
steht gut gepflegt in der tipptopp aufgeräumten
Garage, die beiden älteren Söhne haben sich beruf-
lich etabliert, der jüngste – nun ja ...

Der hat eben einen Vogel. Annemarie ist mit dem Saugen fertig und hängt ihren Gedanken nach. Vielmehr haben sie nun seinen Vogel. Und der Vogel, kaum zu glauben, diese Handvoll blau-schillernder Federn macht Umstände! Er macht Dreck. Er macht Krach. Er bringt den wohlgeord-neten Ablauf durcheinander. Hackt auf die Git-terstäbe ein. Kackt auf sämtliche Sitzstangen. Wirbelt Spelzen durch die behagliche Sitzecke im Wintergarten. Krächzt morgens in aller Frühe auf sein Spiegelbild ein. Klingelt hartnäckig mit dem Glöckchen, das zu seiner Belustigung im Käfig baumelt. Für diesen komischen Vogel hat sie nur wenig Geduld übrig.

Das geht nun schon seit drei Wochen so. Sie saugt den Boden, reinigt den Käfig, füllt die Näp-fe auf und schimpft ein bisschen vor sich hin. Der kleine Kerl hinter dem Gitter äugt zu ihr herüber und stößt seltsame Laute aus.

Auf einmal steht ihr Mann hinter ihr und scheint den gefiederten Bewohner erstmals richtig wahr-zunehmen. „Was hat der denn?", fragt er, als könnte sie es wissen. Sie zuckt mit den Schultern und schickt sich an, das Frühstück zu richten.

Als sie mit dem Tablett zurückkommt, steht er noch immer am Vogelkäfig und – sie traut ihren Ohren nicht, er redet auf den Wellensittich ein! Dieser hat das Köpfchen schief gelegt und gurrt leise zu der etwas unbeholfenen Ansprache. Und jetzt – kaum zu glauben – zwängt der großgewachsene Mann seinen dicken Zeigefinger durch die waagerechten Käfigstäbe, und der Vogel tippelt zutraulich darauf zu und reibt seinen Schnabel daran!

„Ganz niedlich, oder?", murmelt er verlegen in ihre Richtung, als er sie hinter sich bemerkt und scheint sich fast ertappt zu fühlen. Sie ist sprachlos. Ist das wirklich ihr Mann, Hermann? Der mit seiner Aversion gegen Unsinniges und Überflüssiges, mit seinem ausgeprägten Sinn für Ordnung vehement gegen jedes Haustier entschied, das die Kinder damals ins Gespräch gebracht hatten? Der in regelmäßigen Abständen unerbittlich aussortiert und entsorgt hatte, was sie zimmerten, nagelten, töpferten und an Sperrmüll-Fundstücken anschleppten? Der das Baumhaus im Garten ebenso verboten hatte wie das selbst zusammengeschweißte Tandem aus mehreren alten Fahrradteilen? Er hatte sich ärgerlich darüber gezeigt, dass sie das TÜV-geprüfte Klettergerüst mit Schaukel und Strickleiter kaum benutzten und die Tischtennisplatte nie aus ihrem Schonbezug hervorholten. Der Verdacht, dass es da einen Zusammenhang geben könnte, kam ihm nicht.

„Der will vielleicht mal baden!", sagt Hermann jetzt. „Gibt es nicht solche Behälter, die man in die Tür klemmen kann?" Nach dem Frühstück schwingt er sich aufs Fahrrad und stattet dem Zoogeschäft einen Besuch ab. Er kommt mit einer Tasche voller Zubehör und einem Fachbuch über Papageienvögel zurück. Er installiert eine Minibadewanne für „Fränzi".

So nennt er ihn – oder sie, wer kann das bei Wellensittichen schon mit Bestimmtheit sagen?

„Nennen wir ihn Fränzi – das ist geschlechtsneutral!", schlägt er vor. Fränzi macht ihm die Freude und planscht ausgelassen im handwarmen Wasser herum.

„Wellensittiche kommen ursprünglich aus Australien, hast du das gewusst?", fragt Hermann sie später am Tag, als er aus dem Liegestuhl aufsteht, in dem er das Sachbuch durchgelesen hat. Nein, das wusste sie nicht. Auch nicht, dass man das Geschlecht anhand der Färbung der Wachshaut rings um den Schnabel bestimmen kann. Bei männlichen Tieren ist sie blau. Fränzi ist also männlich. Sie erfährt, dass die Lebenserwartung bei guter Pflege und artgerechter Haltung bis zu 15 Jahren beträgt. „Um Himmels willen", schießt ihr durch den Kopf, „hoffentlich war das Tier schon alt, als es entflogen ist!"

Hermann ist in seinem Element. Was er macht, das macht er richtig, gründlich, zuverlässig, ausdauernd. Er eignet sich etwas an und referiert darüber. Wie oft hat sie das, haben die drei Söhne das geduldig über sich ergehen lassen müssen!

Aber dieses Mal ist es anders. Er interessiert sich für etwas Lebendiges, Unberechenbares, Nutzloses. Sie wundert sich, geht auf ihn ein, freut sich über sein Engagement nach seiner besorgniserregenden Phase der Teilnahmslosigkeit.

Abends breitet Hermann die handgestickte Tischdecke über den Käfig und erklärt, dass ein stabiler Tag-Nacht-Rhythmus wichtig für Wellensittiche ist. „Genauso wie für mich!", denkt sie im Stillen, „hoffentlich hält der Vogel jetzt auch morgens den Schnabel!"

Und das tut er. Fränzi verhält sich ruhig, bis die Tischdecke gelupft wird. Hermann hat inzwischen gelesen, dass man mit viel Ausdauer manchen Sittichen das Sprechen beibringen kann. Und er macht sich gleich an die erste Trainingseinheit. „Sag Annemarie!", fordert er ihn auf. Fränzi legt den Kopf schief und krächzt. „Annemarie, sag Annemarie!"

So geht das in den nächsten Tagen immer wieder. Annemarie staunt. Niemals zuvor hat Hermann so oft ihren Namen ausgesprochen, deutlich, ausdrucksvoll, in verschiedenen Tonlagen.

Niemals zuvor hat er sich einem Lebewesen so hingebungsvoll als Lehrer gewidmet. Seine wenigen Versuche, den Kindern Nachhilfe in Mathe zu erteilen, waren für alle ein Gräuel gewesen. Ungeduldig, streng, nicht selten verächtlich war er ihnen gegenüber gewesen. „Und ich habe dazu geschwiegen", denkt sie jetzt. „Vielleicht hätte er diese neue, diese weiche Seite viel früher entwickeln können. Es ist nicht gut, um des lieben Friedens willen zu schlucken und zu dulden. Wie schade um all die verlorenen Momente!"

Einige Tage später spricht Fränzi immer noch nicht. Aber er flattert gerade im Wohnzimmer herum, schon deutlich geschickter und ausdauernder als noch vor kurzem. Da klingelt es. Vor der Tür steht ein junges Mädchen, das sich als diejenige vorstellt, die hier einen Vogel abholen möchte. Annemarie erschrickt. Hermann zuckt zusammen. Er bittet die nette junge Frau in den Wintergarten. Redet eine Viertelstunde lang mit ihr. Annemarie macht Kaffee, wie immer, wenn es brenzlig ist. Bis sie merkt, dass sie schon wieder duldet, statt zu handeln. Sie geht zu den beiden, entschlossen, sich einzumischen. Besser spät als nie! Sie wird dem Mädchen sagen, dass der Vogel bleiben muss.

Aber ihr Einsatz ist nicht mehr erforderlich. „Ihr Mann hat sich als Vogelliebhaber geoutet!", lacht die Freundin ihres Sohnes. „Dann ist mein

Einsatz nicht mehr erforderlich. Stefan wird sich freuen, wenn er hört, dass hier alles rundläuft! Wir skypen heute Abend!"

Damit verabschiedet sie sich. In der Tür dreht sie sich nochmals um und fragt, zu Hermann gewandt: „Könnten Sie vielleicht am Samstag beim Nistkastenbauen der Vogelschutzgruppe helfen? Das wäre prima, die Singvögel sind wirklich vom Aussterben bedroht! Hier, meine Telefonnummer!"

Hermann grinst ein wenig ungeübt und nickt dann. „Ich habe eigentlich gar keine Erfahrung mit sowas. Aber – besser spät als nie!"

NUR GEDULD –
sagt die Kuh
mit der Zeit
wird aus Gras
Milch!

WÜNSCHEN

Erinnern wir uns an die starken Wünsche unserer Kinderzeit?

Manche haben den ganzen Raum eingenommen, jeden Winkel der Seele erfüllt, Träume und Fantasien geweckt.

Wo sind die sehnsüchtigen Wünsche geblieben, auf der Strecke?

Auf der Strecke des Lebensweges, die wir seitdem zurückgelegt haben?

Wonach strecken wir Großen uns noch aus, was treibt uns?

Haben wir gelernt, geduldig zu hoffen, uns hoffnungsvoll zu gedulden?

Oder haben wir uns das Wünschen abgewöhnt, kaufen wir uns alles Mögliche, was das Herz zwar nicht begehrt, aber für einen Moment erwärmt?

Wünsche sind keine Forderungen. Ihre Erfüllung kann nicht erzwungen werden. Wir müssen uns gedulden. Das Ziel im Blick behalten und warten.

Wenn ein solcher gehegter Wunsch wahr wird, werden wir eine kostbare Zeitlang wieder wie Kinder sein, denen das Leben noch kein Haar gekrümmt hat.

Die Hüft-OP ist unumgänglich, sagt der Orthopäde und fügt hinzu, dass man sie auch nicht länger aufschieben sollte. Die Kleine könnte sonst ernsthafte Probleme bekommen.

Den Eltern ist ganz schlecht, als sie aus dem Klinikgebäude ins warme Sonnenlicht treten. Das Kind zwischen ihnen ist unbekümmert, strebt zum Spielplatz und schaukelt bald mit fröhlichem Schwung – ein bunter Farbklecks am stahlblauen Himmel.

Die Operation, gegen die sie nun schon so lange therapieren, trainieren, turnen, schwimmen, schiebt sich wie eine dunkle Wolke vor diesen herrlichen Tag im Mai.

„So bald wie möglich, hat er gesagt", murmelt die Mutter. „Danach muss sie für sechs Wochen in ein Gipskorsett und fest im Bett liegen. Bei der Hitze. Sie ist immer in Bewegung, den ganzen Tag aktiv. Wie soll das nur herumgehen?"

„Ich wünschte, sie hätte die Narkose und den Eingriff schon gut überstanden", meint der Vater niedergeschlagen, „dann würden wir den Rest auch noch stemmen."

Es bleibt nicht viel Zeit um sich zu ängstigen. Der Platz im OP-Plan wird ihnen innerhalb der nächsten Woche zugeteilt. Sie versuchen, Zuversicht auszustrahlen und Laura in kindgerechten Worten zu erzählen, was auf sie zukommt. „Seid ihr bei mir, wenn ich aufwache? Lest ihr mir vor? Darf ich Eis essen, wenn ich die Beine stillhalten muss?", will sie wissen. Als die Eltern das bejahen, ist sie zufrieden. Für sie ist jeder Tag ein Abenteuer, das sie annimmt, wie es sich ihr bietet.

Aber dann muss sie entdecken, dass es auch trübe und dunkle Tage gibt, die kein Ende nehmen wollen. Die Operation verläuft nicht so komplikationslos wie gewünscht. Nach vierzehn Tagen, die sie abwechselnd am Bett ihrer Tochter verbringen, teilt man den Eltern mit, dass noch ein weiterer Eingriff erfolgen muss. Mit Mühe unterdrückt die Mutter ihre Tränen, während der Vater eine weitere DVD in das eigens angeschaffte kleine Abspielgerät mit Kopfhörer legt. Aber Laura will keine Filme mehr sehen. Sie ist ganz verändert, seit sie, zum Stillhalten verurteilt, auf dem Rücken liegend ihre Tage und Nächte fristet. Sie leidet. Es wäre einfacher, wenn sie jammern und quengeln würde. Das wäre eine verständliche, wenn auch unbequeme Reaktion, die zu einem Energiebündel wie ihr passen würde. Aber so teilnahmslos und schlaff wie jetzt ist sie kaum wiederzuerkennen. Und nun hängt sich eine weitere Frist von mindestens acht Wochen an die schon bewältigten Tage an.

Als die Kinderärztin ihr eröffnet, dass sie nochmals „auf eine Traumreise geschickt wird, damit ihre Beine wieder fit werden", dreht sie sich still zur Wand und weint lautlos.

Während der zweiten OP sitzen die Eltern im Wartebereich und versuchen, sich gegenseitig Mut zu machen. Sie erinnern sich an die lange Zeit des Wartens auf dieses ersehnte Wunschkind, an die Monate, in denen sich Hoffnung und Enttäuschung abwechselten wie das Wetter in einem besonders launischen April. Zwei Kinder haben sie kurz vor der Lebensfähigkeit durch extreme Frühgeburt verloren. Die dritte Schwangerschaft war wie das Tragen eines höchst zerbrechlichen filigranen Kunstwerkes, das Bewahren einer Seifenblase vor dem vorzeitigen Entschweben. Und dann hielten sie endlich ihre winzige Tochter in den Armen, noch immer ängstlich, kaum in der Lage, ihrem Glück zu trauen. Seitdem bewachen sie übervorsichtig ihre Entwicklung, halten jeden Moment in Bildern fest und machen sich beständig Sorgen. Ein Glück, dass Laura sich dennoch so gut entwickelt, so unternehmungslustig und tatkräftig die Welt erobert, als wolle sie ihren Eltern beweisen, dass sie dem Leben gewachsen ist. Und jetzt, im letzten Kindergartenjahr vor der Einschulung, diese neue Angst, die sich zum Albtraum auszuweiten scheint.

„Geduld!", sagt der Arzt, als sie ihm nach der zweiten Operation ihre vielen Fragen stellen. „Sie wird voraussichtlich im Winter wieder laufen können und sich dann ganz normal weiterentwickeln. Kinder sind viel widerstandsfähiger als Erwachsene. Sie kompensieren solche Belastungen. Halten Sie sie bei Laune!"

Das ist eine Aufgabe, die nicht gelingen will. Laura wirkt schwach. Ihr fröhliches Naturell ist irgendwo bei diesen einschneidenden Vorgängen verloren gegangen. Wie sollen sie es wiederfinden?

Endlich, nach weiteren zwei Wochen, darf sie nach Hause verlegt werden. Auf einer Trage zieht sie ins Pflegebett im Wohnzimmer um. Eingesperrt in ihren Panzer aus Gips liegt sie bei hochsommerlichen Temperaturen apathisch da, isst kaum, trinkt zu wenig, nimmt keinen Anteil an den Versuchen der Eltern, sie abzulenken.

Da kommt die Oma wie an jedem zweiten Nachmittag als Ablösung und Mutmacherin durch die Tür. Dieses Mal hat sie einen komischen kleinen Kasten dabei. Drei große Eier kommen zum Vorschein. Sie sind ganz warm und ziemlich fest. „Das sind Enteneier!", sagt die Großmutter. „Ich habe sie vom Bauernhof bekommen. Die Entenmutter ist gestört worden und hat nicht weitergebrütet. Jetzt musst du ihren Küken da drin helfen, damit sie fertig werden und bald mit dir schwimmen gehen können!"

Laura versteht zuerst nicht, was sie da hört. Aber die Oma hat ihr ein Buch mitgebracht, in dem mit vielen Bildern erklärt wird, wie Küken sich entwickeln und schließlich zur Welt kommen. „Du bist die Einzige, die so stillhalten und sie wärmen kann wie eine Entenmutter, damit sie leben können!", sagt die Oma. Sie richten eine Mulde zwischen den Kissen dicht bei dem Kinderbauch her, in die sie die warmen Eier legen. Laura kann sie auf der Haut fühlen.

Als die Eltern von ihrem Spaziergang zurückkommen, hat sie vor Aufregung rote Wangen und schießt gleich los, berichtet von ihrem gemeinsamen Vorhaben mit der Oma. Die lächelt vergnügt. Und sie hört später die Bedenken der Eltern in der Küche geduldig an und hält dagegen. Was, wenn es nichts wird? Wenn die Küken sich nicht entwickeln, die Dotter vertrocknen, die Schalen vorzeitig brechen? Wenn eine solche Enttäuschung die schwere Zeit noch schwerer macht?

„Dann wird Laura lernen, mit den Grenzen zu leben. So ist das Leben. Wer nichts zu verlieren hat, ist arm dran!" Die Eltern nicken zögernd.

Mit einer speziellen Lampe kann man die Eier durchleuchten und prüfen, ob sich die Küken entwickeln. Täglich mehrmals müssen sie umgedreht und manchmal kurz aus der Wärme genommen und gelüftet werden. Das wäre eigentlich die Zeit, in der die Entenmutter auf Futtersuche geht und ihr Geschäft erledigt, das Nest reinigt und sich kurz bewegt. Wenn Laura jetzt am Vormittag gewaschen und frisiert wird, kichert sie und sagt: „Ich bin die Entenmutter und habe eine Pause vom Brüten!" Die Brustfedern der Vogelmutter, die die Eier gewöhnlich zart umfächeln und dabei reinigen, werden mit dem Staubwedel aus Straußenfedern ersetzt. Mit einer Sprühflasche werden die Eier mehrmals am Tag befeuchtet, und die „Entenmutter" wird gleich mit erfrischt.

Laura ist geduldig, erwartungsvoll und gespannt. Sie weiß, wozu sie stillhält. Ihr erzwungenes Liegen hat auf einmal einen Sinn, den sie erfasst.

„Wie du damals, als du sie ausgebrütet hast!", sagt der Vater zur Mutter und lächelt bei der Erinnerung an Infusionen, Wehenhemmer und Bettpfanne. „Du hast nicht gejammert, weil du wusstest, wozu du das alles durchstehst!"

Nach vierundzwanzig Tagen tut sich etwas in der ersten Schale der sorgsam gehüteten und gebrüteten Eier. Laura lauscht, und die Oma ist extra gekommen, um den großen Moment nicht zu verpassen. Ein zartes Klopfen ist deutlich zu hören. Der Eizahn auf dem Schnäbelchen des Kükens pickt gegen die harte Innenwand. Eine anstrengende Prozedur! Es dauert stundenlang, bis die harte Schale einen Riss bekommt. Gar zu gern würde Laura nachhelfen wie beim Kuchenbacken, wenn die Eier aufgeschlagen werden.

„Geduld!", mahnt die Oma. Endlich liegt ein pitschnasses erschöpftes kleines glitschiges Häufchen neben der aufgebrochenen Eischale. Laura macht sich Sorgen und fürchtet, es würde gleich sterben, so elend sieht es aus. Aber der erste Eindruck verfliegt, als nach einer kurzen Zeit der Flaum getrocknet ist und das kleine zarte Kerlchen versucht, auf die Beine, diese lustigen Schwimmfüße, zu kommen. Das „Kinderzimmer" für die drei lange erwarteten Entchen ist schon vorbereitet. Unter einer Rotlichtlampe direkt neben Lauras Lager ruht ihr kleines Küken sich aus. Durch die Plexiglasscheibe kann sie zuschauen, wie es das erste Futter sucht, mit dem Schnabel im Wasserbecken herumspritzt und einfach umkippt und einschläft, wenn es müde ist.

Tatsächlich darf die ganze Familie dreimal erleben, dass ein gesundes kleines Wesen schlüpft! Und die kleinen Küken wachsen jeden Tag, man meint, man könne ihnen dabei zusehen. Als im Garten ein Auslauf gezimmert wird, kann Laura im Rollstuhl dabei sein. Sie klatscht begeistert in die Hände, als die drei sich ins grüne Gras trauen und es eifrig abrupfen. Etwas später kommt sie mit Gehhilfen zu ihren Entenkindern, und als der Vater das Planschbecken in einen kleinen Ententeich umfunktioniert hat, bringt sie ihnen vom Beckenrand aus das Schwimmen bei. Sie macht so gute Fortschritte beim Auf-die-Beine-Kommen, dass die Ärzte staunen.

„Du warst aber auch eine geduldige Patientin!", lobt sie der Doktor, der sie betreut.

„Weil ich was ausgebrütet habe!", erklärt Laura ihm. Er versteht zuerst nicht, was sie ihm sagen will. Als die Eltern es erklären, lacht er herzlich.

„Vielleicht schaffen wir solche Wunder-Eier auch hier auf der Station an! Dann haben wir nur noch Erfolgsgeschichten!", meint er im Spaß.

„Leben geben ist immer ein Wunder und braucht Geduld und gute Hoffnung!", sagen die Eltern. Sie müssen es wissen. Alle Eltern sollten es wissen!

FREUDE

Was soll das sein, ein Wert?
Das ist doch eigentlich nur ein Gefühl,
ein glücklicher Moment,
ein Zufall – oder ein Zuzwinkern des Schicksals?

Das Leben ist hart, oft ungerecht
und endet in jedem Falle tödlich,
worüber soll ich mich da freuen,
da muss man sehen wo man bleibt!

Wie bitte? Es ist ganz einfach?
Einfach die Perspektive wechseln, je nachdem -
den einsamen Sitz auf dem hohen Ross verlassen
oder aufsteigen und die Welt von oben sehen?

Die Vergangenheit vergangen sein lassen,
die Zukunft nicht fürchten, sondern erhoffen
und für einige Momente ganz da sein,
hier und jetzt, im Präsenz präsent.

IST DAS LEBEN EIN PONYHOF?

Die Schulklasse macht einen Ausflug auf den Reiterhof. Besonders die Mädchen fiebern dem Ereignis entgegen. Die Jungen geben sich cool, aber als die weichen Nasen der großen Tiere sich ihnen entgegenstrecken, können sie sich der Faszination nicht entziehen und sind ebenfalls ganz bei der Sache.

Bürsten und Besen werden verteilt. Alle haben was zu tun, sie schrubben und striegeln, schaufeln und kehren. Manche sind zaghaft, andere legen los wie Profis. Einige zuerst geäußerte „Iiihs" und „Bäähs" beim Anblick von lehmverkrusteten Hinterteilen und dampfenden Misthaufen verstummen, als die Arbeit alle in Atem hält. Sie erfahren manches Wissenswerte über die Vierbeiner, die so stark und dennoch Fluchttiere sind.

„Wieso laufen die weg, wenn ihnen etwas gefährlich vorkommt? Sie können doch treten und beißen!", fragen die Kinder. Ja, das können sie auch, aber das heben sie sich für den absoluten Notfall auf. Innerhalb der Herde klären sie so ihre Rangordnung, aber vor Feinden laufen sie davon. „Die sind Flüchtlinge!", lacht ein Junge.

Da fällt sein Blick auf das Mädchen aus Syrien, das seit einigen Monaten in ihrer Klasse ist. Sie redet kaum ein Wort, sitzt still und in sich gekehrt da, fast, als wäre sie woanders. Die Lehrerin sagt, sie muss erst noch die Sprache lernen. Aber da gibt es noch eine andere Barriere, das spüren die Kinder und halten Abstand. Sie ist allein, im Unterricht, in der Pause. Nach Schulschluss geht sie allein zu dem großen Gebäude, wo ihre Familie zusammen mit vielen anderen Leuten aus fremden Ländern untergekommen ist.

Auch heute steht sie am Rand. Für sie ist das Leben bislang kein Ponyhof gewesen. Als sie das Wort „Flüchtling" hört, schaut sie auf. „Flüchtling", sagt der Junge noch einmal, zeigt auf das größte und kräftigste Tier und lacht ein bisschen, „wie du!"

Gerade will die Lehrerin dazwischen gehen und ihn ermahnen, da setzt sich das syrische Mädchen in Bewegung. Sie schaut mit staunendem Blick das dinosauriergroße Wesen mit den freundlichen Augen an. Zögernd streckt sie die Hand aus. Sie fühlt den warmen Atem, der aus den riesigen Nüstern direkt in ihre Richtung strömt. Sie traut sich, stehenzubleiben, als das Pferd sich ihr zuwendet, mit weichen Lippen vorsichtig ihr Kopftuch betastet und dann daran zieht. Sie lacht – niemand hat sie vorher lachen hören – und weicht einen halben Schritt zurück. Sie nimmt das trockene Brot entgegen, das ihr die Lehrerin geistesgegenwärtig reicht, und schiebt es dem vorwitzigen Riesen zwischen die Zähne. Er kaut, prustet und scharrt ungeduldig mit dem Huf. Die Jungen sind beeindruckt. Nicht alle hätten sich getraut, dem Monstergebiss so nahe zu kommen!

Aber nach und nach folgen sie dem Beispiel ihrer Mitschülerin, die an anderen Tagen so gut wie nichts zum Unterrichtsgeschehen beitragen konnte. Möhren, Äpfel und sogar geschälte Bananen werden verfüttert. „Schau mal, der frisst genauso gierig wie du!", sagt einer der Jungen zu seinem Freund, als sein Pferd Stück für Stück der Köstlichkeiten verschlingt und nach mehr sucht. Die Mäuler triefen, Saft und Speichel fließt über die Hände und klebt an den T-Shirts. Auch die Prinzessinnen unter den Mädchen wischen sich die Finger ohne Umstände an den teuren, modisch zerlöcherten Markenjeans ab. Für den Moment haben sie vergessen, was sie sonst an Äußerem beschäftigt, und sind gebannt von der Echtheit, die sie hier erleben.

Inzwischen haben die Erwachsenen sich wortlos verständigt. Das Flüchtlingsmädchen ist die Erste, die hoch zu Ross über den Hof geritten kommt. Als die Hufeisen über den harten Boden klappern, drehen sich die anderen zu ihr um. Spontan klatschen sie in die Hände, spenden ihr Beifall für ihren Mut.

Und sie? Sie strahlt, wirft die Arme in die Luft und ruft laut: „Heute Tag gut!"

Ist das nicht ein wunderbarer erster Satz aus ihrem Mund?

TRAU DICH!

Die Lebensfreude lässt dich ein
in die Welt, wie sie war,
als du noch klein warst und behütet,
jeder Tag ein Abenteuer,
mit viel Lachen über kleine Sachen.

Es sind oft die kleinen Dinge,
keine große Beute, nur der Beifang
eines Tages, an dem du im Trüben gefischt hast
und schon dachtest, es gäbe nichts zu lachen.
Beginn doch mal und lache über dich selbst!

Schlag dem Ernst des Lebens ein Schnippchen,
er meldet sich früh genug wieder zu Wort,
Aber gönn ihm eine Pause,
leg dich längelang in die Wiese
und denk dran: Das Leben ist ein Ponyhof!

Denn da wie dort gibt es jede Menge Mist,
der aufgeladen und weggekarrt werden muss,
der dir stinkt und die Luft verpestet
und eine ganze Weile braucht,
bis er zu gutem Dünger geworden ist!

DURCHBLICKEN –
TROTZ UNGEPUTZTER FENSTER

Jeden Montag bringt die junge Mutter ihren behinderten Sohn zum Reiten. Nicht in eine dieser noblen Reithallen, wo man mit Samtkappe und Jackett für den nächsten Wettkampf übt. Sondern zu einem Offenstall am Waldrand, wo am Montag eine ganze Reihe von Autos parkt. „Aufgefädelte Zwischenfälle des Schicksals", denkt sie. Kinder werden abgeschnallt, warm eingepackt und zu den wartenden Pferden getragen oder mit dem Rollstuhl hingeschoben. Es ist irgendwie tröstlich, zu erleben, dass man mit seinem schweren Los nicht ganz allein ist. Klar, jeder weiß, dass es beim Kinderkriegen Komplikationen geben kann, Baufehler, Versorgungsmängel – aber wenn es dann so weit ist, kann man es eben doch nicht fassen, dass es einen selbst getroffen hat. Plötzlich hat man eine Hauptrolle in einem Film, in dem man nicht mitspielen wollte und dessen Drehbuch man nicht kennt. Man muss sich zurechtfinden zwischen Transfusionsschläuchen und medizinischen Hightech-Geräten, in den besorgten Mienen der Fachärzte zu lesen versuchen und nebenbei lernen, sein Kind zu lieben. Gar nicht so einfach.

Mit der Zeit gewöhnt man sich daran, in einer anderen Liga zu spielen als die meisten. Man lernt andere Leute kennen, denen es ähnlich ergangen ist. Am Stall stehen die Mütter, die ebenfalls betroffen sind. Manche von ihnen sehen quietschvergnügt aus, als wäre es das Normalste von der Welt, hier aufzukreuzen und den Helfern die Kinder in die Arme zu drücken, sie auf den Pferderücken zu heben und zurechtzusetzen. „Damit die Karawane der Beschädigten losziehen kann", geht ihr durch den Kopf und sogleich schämt sie sich für diese Gedanken. Inzwischen ist sie bei dem Knäuel aus Menschen und Tieren angekommen und übergibt ihren Sohn den Betreuern. Er zappelt aufgeregt herum und rudert mit den Armen, ganz offensichtlich freut er sich auf seine Reitstunde. Eigentlich wollte sie jetzt schnurstracks nach Hause fahren, einmal ungestört den Haushalt auf Vordermann bringen. Aber dann sieht sie, wie die anderen Mütter sich Gummistiefel anziehen und miteinander zu einem Spaziergang aufbrechen. „Komm doch mit!", sagt eine von ihnen, und sie findet so schnell keine Ausrede, freut sich auch vorsichtig über die Aufforderung und schließt sich an.

Die Frauen gehen zügig, erzählen und lachen viel. Sie sprechen nicht über Behinderung und Therapie, sondern haben ganz gewöhnliche Themen, über die sie seit langem nicht mehr nachgedacht hat. Sie gerät aus der Puste, hat ewig keinen

Sport mehr gemacht, immer nur gehoben und geschoben – das Kind, den Spezialkinderwagen, die Last auf ihrer Seele.

Im Gehen wird ihr wohler ums Herz. Sie kommt ins Schwitzen, nimmt ihren Körper wieder einmal wahr, riecht den feuchten Waldboden, stimmt ins allgemeine Gelächter über einen Witz ein.

Sie entdeckt in dieser knappen Stunde, dass die Welt noch mehr für sie bereithält als Belastung und Beeinträchtigung.

Als sie kurz vor den Kindern wieder am Stall ankommen, sagt sie zu den anderen Frauen:

„Was für ein Glück, dass wir heute diesen Termin hatten. Sonst hätte ich einen schönen, sonnigen Winternachmittag zum Fenster hinausgeworfen, nur um dieses gründlich zu putzen!"

Die anderen nicken, sie kennen das. Manchmal ist es das Beste, alles stehen- und liegenzulassen und etwas für sich selbst zu tun.

Als sie ihren fröhlichen Sohn mit gelockerten Muskeln und roten Bäckchen in Empfang nimmt, sagt sie: „Ich dachte, das wäre eine Therapie für ihn. Aber es ist auch eine für mich!"

Nimm morgens schon beim Aufstehn
Lebensfreude, eine frische Prise,
mach das Fenster und dein Herz weit auf,
atme tief durch und sei froh, du da bist!

Über den Tag verteilt kleine Dosen,
sie stehen im Regal der Pflichten ganz hinten,
hol sie hervor, wisch den Staub ab,
keine Angst, sie haben kein Verfallsdatum.

Zur Nacht ist es überaus angebracht,
die bitteren Pillen angesammelter Enttäuschungen,
Entmutigungstropfen und Giftspritzen wegzuwerfen -
gieß dir stattdessen eine Tasse Lebensfreudentee auf!

Er wärmt dir das Herz und die Seele,
sorgt für gute Verdauung und ruhigen Schlaf,
wirkt besser als eine OP oder ein künstliches Organ
auf deine Gesundheit und freudige Lebenserwartung!

POSITIVE PROVOKATION

Er geht pflichtbewusst am Strand entlang, maximal drei Meter vom Wellensaum entfernt und atmet tief ein und aus, wie der Arzt es ihm verordnet hat. Der Erfolg seiner Kur hängt davon ab, dass er die ozonhaltige Luft, die dort am intensivsten ist, konsequent einatmet. Er hat nachgelesen, wie diese Maßnahme auf die Verästelungen der Bronchien und die Lungenbläschen wirkt. Hoffentlich stimmt das alles – heutzutage schreibt ja auch jeder Schlaumeier und Klugscheißer alles Mögliche im Internet und gibt es als Fachwissen aus!

Wenn es ihm nicht so schlecht gegangen wäre, wenn ihm nicht die Luft immer häufiger buchstäblich weggeblieben wäre, hätte er gewiss nicht diese triste und eintönige Landschaft für eine wochenlange Auszeit gewählt! Ständig dieser Wind, überall dieser feinkörnige Sand, immerzu diese Endlosigkeit, Leere bis zum Horizont! Unbegreiflich, dass Menschen derart vernarrt in die Nordsee sind, dass sie immer wieder freiwillig herkommen. Obwohl es gerade so wirkt, als gäbe es gar keine weiteren menschlichen Wesen hier auf dem Planeten. Weit und breit ist niemand zu sehen um diese frühe Zeit.

Wenn er jetzt zu Hause wäre – dann – tja, was würde er dann eigentlich machen an einem freien Tag? Als er noch Haushaltsvorstand einer mehrköpfigen Familie war, gab es immer etwas zu tun. Inzwischen sind die Kinder längst groß, seine Ehe kam zum Erliegen, ohne spektakuläre Auseinandersetzungen, „auseinandergelebt" nennt man das wohl. Sie meinte, er sei ein Prinzipienreiter, überkorrekt, langweilig, immer am Dozieren, nie locker, nicht genussfähig. Als ob es im Leben darauf ankäme ...

In solche Gedanken versunken bemerkt er erst spät die Silhouetten dreier Gestalten, die ihm jetzt entgegenkommen. Es ist eine Person mit zwei Hunden, wie er wenig später erkennt. Die Hunde toben ausgelassen im Wasser herum, rasen hinein und heraus, kläffen den Möwen hinterher, die kreischend um sie kreisen, wälzen sich im Sand und schütteln sich, dass die Tropfen sprühen. Die Hundebesitzerin geht barfuß, mit hochgekrempelter Hose durchs Wasser und hat sichtlichen Spaß an dem ganzen Theater. Die benimmt sich ja, als wäre der Strand nur für sie da! Er will sich gar nicht vorstellen, wie deren Ferienwohnung nachher aussieht, wenn diese sandige Gesellschaft wieder trocknet. Und ordentliche Gäste wie er müssen dann eine hohe Endreinigungspauschale zahlen, wegen solcher Exemplare. Überhaupt sollte man diesen Hundeleuten Einhalt gebieten! Lassen die doch immer dreister ihre Viecher überall hinkle-ckern und berufen sich dann auf die Hundesteuer!

Als sie sich nähern, ruft sie die Hunde bei Fuß und will mit einem freundlichen Gruß an ihm vorbei-gehen. Aber so leicht lässt er sie nicht entkom-men, diese drei Subjekte von geradezu provozie-render Lebensfreude!

„Im Mai müssen hier aber Hunde angebunden werden! Das ist Vorschrift! Überall nachzulesen in den ausliegenden Broschüren zum Naturschutz!", belehrt er sie.

Sie bleibt stehen, mitten im Wasser und schaut ihn an – interessiert, ein bisschen belustigt, nicht unfreundlich.

„Dann tun Sie das doch auch!", sagt sie jetzt ernsthaft zu ihm. Wie bitte? Wie meint die das?

„Na" – wendet er barsch ein, „ich habe doch gar keinen Hund."

„Ach", sagt sie darauf und wiegt bedenklich den Kopf, „das ist übel. Dann besorgen Sie sich schleu-nigst einen, sonst können Sie die Regel ja gar nicht befolgen!"

„Also bitte, ich gehöre nicht zu den Hundebe-sitzern, was reden Sie denn da!"

Sie sieht ihn fragend an.

„Sie sagten doch eben, man muss im Mai Hun-de anbinden. Also los, kommen auch Sie auf den Hund, das kann doch nicht so schwierig sein!

Schauen Sie mal, ich hab sogar zwei!"

Er ist irritiert, aufgebracht.

„Herrje, lassen Sie die dummen Witze! Für mich gilt das doch nicht!"

„So, so", lacht sie jetzt, „es scheint also egal zu sein, ob man sich daran hält? Dann gilt das für uns auch nicht! Einen schönen Tag noch!" Und weg ist sie, die beiden schwarz-weißen Vierbeiner laufen wieder los und stürzen sich ins Wasser in dem sinnlosen Versuch, doch noch eine Möwe zu ergattern.

Er bleibt stehen, ein bisschen dämlich kommt er sich vor. Die Wellen schwappen gegen seine Turnschuhe und weichen sie auf. Auch das noch! Soll er sich bei der Kurverwaltung über diese Frechheit beschweren? Wie soll er die Erscheinung beschreiben? Wie steht er denn dann selber da, in nassen Hosen und ohne präzise Fakten? Wie ein sprichwörtlicher begossener Pudel!

Ärgerlich und wütend macht er sich auf den langen Heimweg durch den zähen Sand. Zieht seine Schuhe aus dem schweren Boden und fühlt sich mies. Wie hat die das gemacht eben, so leicht voranzukommen? Sie war ja weg, bevor er sie weiter zur Rede stellen konnte. Sie ist direkt am Wasser gegangen, wo der Sand fest ist. Ob er die Schuhe auch mal ausziehen soll? Liebe Zeit, das hat er zuletzt gemacht, als die Kinder noch klein waren. Er kommt sich lächerlich vor. Aber es sieht ihn ja keiner ...

Zögernd bückt er sich, streift das nasse Zeug ab, wickelt die Hosenbeine auf und wagt sich in die schwappenden kalten Wellen. Im ersten Moment ist es unangenehm, dann beginnt es ihm zu gefallen. Den ganzen weiten Rückweg über läuft er im Wasser oder direkt daneben, als die Sonne höher steht, pausiert er im warmen Sand. Seine Wut hat einem anderen Gefühl Platz gemacht, das darunter verborgen war und darauf gewartet hat, entdeckt zu werden. Es fühlt sich an wie – eine Mischung aus Sehnsucht und Übermut. Er hat noch keinen Namen für das, was daraus werden kann: Lebensfreude!

Am Nachmittag beschließt er aus diesem neuen Gefühl heraus, sich einen ungesunden und überteuerten Eisbecher zu genehmigen. Er traut seinen Augen nicht, als er die drei vom Strand im Garten des Eiscafés schon wieder trifft! Sie vertilgt gerade einen Riesen-Erdbeerbecher mit Sahne, die Hunde liegen rechts und links neben ihrem Stuhl und schnarchen. Die haben sich wohl ausgetobt. Sie schaut auf und erkennt ihn, lächelt versöhnlich und zeigt auf den freien Platz ihr gegenüber.

„Darf ich Sie zu einem Kaffee einladen? Wir brauchen die schlafenden Hunde ja nicht zu wecken!" Er ringt sich ein Lächeln ab und nimmt Platz. Vielleicht kann er ja noch etwas von ihr lernen?

Gemeinschaft

EINSAM

Festsitzen auf einer Insel
Ringsum der Ozean der Einsamkeit
Kein Land in Sicht

Jedes Schiff, das aufkreuzt
fährt mit Volldampf vorbei
reagiert nicht auf meine Rauchzeichen

Was ist denn falsch mit mir?
Warum nimmt mich niemand wahr?
Was kann ich denn nur tun, wer rettet mich?

Manchmal ergibt sich die eigene Rettung
wenn ein anderer in Not geraten ist
landunter und kein Boot in Sicht

Es kommt darauf an, sich ansprechen zu lassen
die eigene Last nicht wie Scheuklappen zu tragen
und zu glauben, dass Wege im Gehen entstehen

GEMEINSAM

(GEM)EINSAMKEIT

Es ist nicht so einfach, mit dem Alleinsein fertigzuwerden! Da reicht es nicht aus, gute Vorsätze zu fassen nach dem Motto: Du suchst dir einen neuen Freundeskreis!

Klar, es gibt Veranstaltungen und Kurse, Gesprächskreise und Selbsthilfegruppen. Theoretisch könnte man überall Anschluss finden. Aber die Praxis sieht anders aus.

Die Menschen sind alle beschäftigt. Sie haben berufliche Verpflichtungen, Familie, Vereine und Sport. Sie sind freundlich, reden mit dir, aber wenn das nächste lange, einsame Wochenende näher rückt, haben sie alle schon etwas vor.

Und wenn du dich aufraffst, in die Stadt gehst oder in den Park, wenn du sogar mutig genug bist, einen Kurzurlaub zu buchen, dann siehst du – wie verhext – überall Paare aller Altersgruppen. Sie gehen Hand in Hand, küssen und umarmen sich, lachen miteinander, sitzen sich im Restaurant gegenüber, im Kino nebeneinander und der Platz an deiner Seite bleibt leer.

Da bist du fast froh, wieder daheim zu sein. Es ist schon traurig, wenn die ältere Dame von gegenüber an manchen Tagen die Einzige ist, mit der du ein paar Worte wechselst. Und gerade jetzt scheint es ihr gar nicht gut zu gehen! Da steht ein Rettungswagen vorm Haus! Mal rübergehen und schnell fragen, was los ist, kann ja nicht schaden ... Eine halbe Stunde später hast du ihren dicken Dackel an der Backe. Ach, du liebe Zeit! Die Sanitäter haben dir einfach eine Leine in die Hand gedrückt, an deren Ende er hing, und dich gebeten, ihn zu versorgen oder im Tierheim abzugeben. Die alte Dame auf der Trage hat dir diesen flehentlichen Blick zugeworfen, bevor die Türen zuklappten. Was machst du jetzt?

Der Dackel ist zu fett. Und er ist traurig. Lässt die Ohren hängen. Bewegt die krummen Beinchen kaum. Wedelt nicht mit seinem Dackelschwanz. Hechelt nur vor sich hin und schlurft dir mühsam hinter dir her. Herrje. Was frisst so ein kleiner Kerl? Wo schläft er gewöhnlich? Wie oft muss er raus? Womöglich auch nachts?

„Na, der ist ja niedlich! Darf ich den mal streicheln?" Der Junge, der samstags immer früh beim Bäcker ansteht, kniet vor dem Hund und krault ihm die Ohren. Dem Dackel scheint das zu gefallen. Er sieht gleich ein bisschen lebensfroher aus.

„Ich habe zwei Schildkröten", erzählt der hundefreundliche Junge. „Die sind interessant und kein bisschen langweilig, aber Streicheln mögen sie nicht. Da ist der hier schon was anderes! Wie heißt er denn?"

Keine Ahnung wie er heißt. Ich bitte den Jungen und den Hund auf die Parkbank und erkläre dem Kind die verzwickte Situation. Er ist bestürzt. Sein Mitgefühl für den verlassenen Hund ist bemerkenswert. „Jetzt denkt der bestimmt, sie hat ihn einfach sitzenlassen! Ist weggefahren, ohne was zu sagen! Der Arme ... Wir wissen nicht mal seinen Namen. Wollen wir ihn Robinson nennen? Oder Mogli? Die waren auch beide allein!"

Er bietet sich an, den Hund jeden Nachmittag zu einem Spaziergang abzuholen. Das ist eine wunderbare Idee, finde ich. Die beiden sind ja jetzt schon ein Herz und eine Seele! Und er kann viel besser mit meinem Smartphone umgehen als ich selber. Im Nu hat er im Internet alles Mögliche über gesunde Dackelernährung herausgefunden und kann mir sagen, wo der nächste Tierarzt zu finden ist. Abends fällt mir auf, dass ich den ganzen Tag lang nicht mit mir selber gesprochen habe. Schluss mit dem „Du" zum Spiegelbild! Ich bin wieder „Ich" und werde gebraucht!

Es entwickelt sich eine Freundschaft zwischen sehr verschiedenen Lebewesen. Wir nennen uns „Dackelclub". Rasmus, wie Robinson in Wirklichkeit heißt, hat sich an uns gewöhnt. Und seine rechtmäßige Besitzerin ist grenzenlos erleichtert, als ich sie in der Klinik besuche und ihr schildere, wie wir ihren kleinen Freund gemeinsam versorgen. Die Eltern von Timm, dem jungen Tierfreund, haben sich auch eingeschaltet, als sie von der Geschichte gehört haben. Morgen sind Rasmus und ich zum Kaffeetrinken bei ihnen eingeladen. Dann werde ich seine Schildkröten kennenlernen!

ZUSAMMENGEHÖREN

Familie Gruppe Klasse
Freundeskreis Sportverein
Feuerwehr Wohngemeinschaft
Lebensgemeinschaft
Glaubensgemeinschaft Orden
Zweckverband Partei …
Wir wollen wissen, zu wem wir gehören.
Wir brauchen das Gefühl, gebraucht zu werden.

Wir möchten sicher sein,
dass jemand auf unserer Beerdigung weint.
Gemeinschaft ist ein hoher Wert im Leben.
Sie gedeiht am besten, wenn alle sich einbringen,
ihr Bestes geben, voneinander profitieren.
Eine gemeinsame Aufgabe bewältigen.
Miteinander ins Gespräch kommen.
Etwa über Freunde mit Pfoten, Tatzen oder Hufen.

Die Klassenfahrt nach Südtirol lässt sich gut an.
Die Sonne strahlt vom wolkenlosen Himmel auf
majestätische Berge mit weißen Schneekappen,
die Bäche rauschen, und es duftet nach Heu. Am
Ende der fünften Klasse sind die Kinder schon alt
genug, um eine lange Anfahrt gut zu überstehen.
Und sie sind noch kindlich genug, um sich ausgelassen an der sie umgebenden Natur ringsum zu
freuen. Sie waten quietschend durch gletscher-
kaltes Wasser, wandern ohne viel Murren bis zum
Gipfel und streicheln hingebungsvoll die weiden-
den Kühe und Ziegen, denen sie unterwegs begeg-
nen. Abends futtern sie mit gesundem Appetit die
großen Schüsseln und Töpfe im Jugendgästehaus
leer. Dann stürmen sie nochmals nach draußen,
wo sie ein Fußballfeld und eine Pferdeweide entdeckt haben.

Als die Lehrerin ihnen kurze Zeit später folgt,
findet sie die ganze Horde am Zaun bei einer Stute mit Fohlen. Sie sind hingerissen von dem Pfer-
dekind, das ausgelassen um seine Mutter herum-
tobt, lustige Bocksprünge vollführt und sich dann
wieder unvermittelt an sie schmiegt, um zu trinken. Die Mädchen machen Fotos, ein paar sind ins
Gespräch mit dem Bauern gekommen, dem die
Tiere offensichtlich gehören. Gerade erklärt er etwas über die Zucht von Haflingern. Früher über-

nahmen die starken und trittsicheren Pferde viele Aufgaben in der Landwirtschaft. Heute werden sie gerne als Reitpferde eingesetzt. Und was wird einmal aus diesem Fohlen, das jetzt neugierig an den Zaun gekommen ist und sich zutraulich von vielen Händen streicheln lässt?

Der Bauer ist unromantisch und geradeheraus. „Das wird wohl in die Wurst kommen, noch ein Hengstfohlen können wir dieses Jahr nicht brauchen. Ein Bruder von ihm ist schon in der Zucht eingesetzt. Dieser da hätte eine Stute werden sollen. Tja, da kann man nichts machen." Die Kinder sind entsetzt, fragen aufgeregt nach und hören die nüchterne Kalkulation: „Die Aufzucht kostet viel mehr, als ein Verkauf als Reitpferd nach vier Jahren bringt. Die überschüssigen Hengstfohlen werden im Sammeltransport nach Sardinien gebracht und geschlachtet."

Überschüssig? In die Wurst? Worte, die Empörung und Entrüstung auslösen. Die Klasse ist in Aufruhr. Lange sitzen sie am Abend noch im Aufenthaltsraum. Und sie entwickeln alle möglichen Pläne zur Rettung des Pferdekindes. Die Lehrerin und ihre begleitende Kollegin haben Mühe, sie schließlich in die Betten zu bewegen, wo noch lange keine Ruhe herrscht.

Dann unterhalten auch sie sich weiter über das unerwartete Hauptthema. Wie sollen sie damit umgehen? Die Kinder beruhigen, ablenken, auf das Schicksal von Schlachtvieh und das Elend in aller Welt verweisen? Ihnen klarmachen, dass Einzelne nichts ändern können? Oder ihnen Raum geben in der Hoffnung, sie zu sensibilisieren für die großen Fragen und Aufgaben der Zukunft? Auch die Erwachsenen schlafen unruhig.

Am nächsten Tag zeigt sich, dass die Kinder sich nicht vertrösten lassen. Sie stellen schon vorm Frühstück eine Berechnung an. Wenn sie alle ihr für Süßigkeiten und Reiseandenken vorgesehenes Taschengeld zusammenlegen, können sie das Fohlen kaufen! Vierhundert Euro hat der Besitzer gesagt ... Dann bleibt es bei der Mutter, bis es ein halbes Jahr alt ist und kann dann abgeholt werden.

Aber wie geht es dann weiter? Wohin damit? Wer zieht es auf, wer trägt die Folgekosten?

Die Kinder lassen nicht locker. Die Lehrerinnen können gar nicht anders, als das Anliegen aufzugreifen und ernst zu nehmen. Bei theoretischen Themen im Unterricht wünschen sie sich mehr engagierte Mitarbeit – hier und jetzt geht es ganz praktisch und konkret um Ethik, Biologie, Mathematik, Deutsch, Organisation und Verwaltung. Die Schülerinnen und Schüler diskutieren, recherchieren, telefonieren, chatten, planen und verwerfen, denken quer und tauschen sich aus.

Und sie kommen weiter! Sie gründen spontan eine Interessengemeinschaft und einen Hilfsfonds. Sie starten einen Aufruf und verfassen ein Exposé mit Informationen. Die Lehrerinnen schicken eine Rundmail an die Eltern, um die akribische Aktivität der Kinder zu erklären.

Der Kioskbetreiber im Gästehaus staunt, als er mittags nach dem Essen keine Kundschaft hat. Sonst drängeln sich alle Gören und verlangen Eiscreme und Schokoriegel.

Nach drei intensiven Tagen ist die Klassengemeinschaft im Besitz eines fehlerlosen und kerngesunden Haflingerfohlens aus Südtirol! Ein Elternpaar ist offiziell der gegründeten Interessengemeinschaft beigetreten und hat sich bereiterklärt, einen entsprechenden Kaufvertrag zu unterzeichnen und das Tier im Herbst abzuholen. Es wird einem Pferdehof am Heimatort gespendet, der sich für gemeinnützige Arbeit engagiert. Dort kann es in der Herde aufwachsen und später eine Aufgabe als Reitpferd übernehmen. Ein junges Mädchen, deren Pferd aufgrund einer Verletzung nicht mehr geritten werden kann, freut sich schon. Bei ihr wird der kleine „Muck", wie er nach gesammelten Namensvorschlägen und einer Abstimmung nun heißt, in besten Händen sein!

GEMEINSAME RETTUNGSAKTION

„Wer einen Menschen rettet,
der rettet die ganze Welt."

Gilt das auch für andere Lebewesen?
Für ein Fohlen, ein Kalb, einen Hund, ein Huhn?
Wo ist die Grenze des Tierschutzes?
Was hat Artenvielfalt damit zu tun?
Was hat Pränataldiagnostik damit zu tun?
Sollte man ein einzelnes Schicksal beeinflussen?
Wie wirkt die Erfahrung von Selbstwirksamkeit?
Wie beeinflusst sie zukünftiges Verhalten?
Wie wichtig sind Gleichgesinnte und Verbündete?
Lernen Lehrer von Schülern und Eltern von Kindern?

„Wer ein Leben schützt,
der schützt die ganze Welt."

Als das leerstehende Haus mitten im Dorf endlich wieder vermietet ist, sind die Alteingesessenen gespannt und haben einige Vorbehalte: Da ziehen Städter ein! Das werden doch wohl nicht so Verrückte sein, mit Landlust und so? Die ihre verzogenen Gören jetzt biologisch ernähren wollen, Hühner halten, die sie nicht schlachten können, weil sie „zur Familie gehören" und den ganzen Tag dumme Fragen stellen oder schlaue Reden führen? Die nach einer Stunde Gartenarbeit Blasen an den Händen haben und den Ofen nicht anfeuern können?

Man ist angenehm überrascht, als ein freundliches junges Ehepaar mit drei kleinen Kindern einzieht. Tiere haben sie auch direkt mitgebracht. Allerdings solche, die man weder melken noch essen kann und die auch keinen Wagen ziehen – Spaßtiere, könnte man sagen. Sie gehen mit ihren Pferden spazieren und setzen die kleinen Kinder darauf. Die Eltern bauen ganz ordentliche Zäune um die kleine Weide, die zum Haus gehört, und schaufeln tüchtig Mist. Immerhin!

Man könnte ihnen ja die Wiese mit den alten Apfelbäumen am Ortsrand anbieten. Die braucht eh keiner mehr, sie macht nur Arbeit, muss gemäht und in Ordnung gehalten werden, und die Bäume tragen nur noch wenig. Schließlich sind es Nachbarn, da zeigt man Entgegenkommen, oder?

Die Freude der neuen Mitbürger ist rührend, selbst für nüchterne und unromantische Ortsansässige. Sie bedanken sich herzlich mit einem selbstgebackenen Brot und Apfelkuchen und laden zum Kaffeetrinken ein. Da kann man nicht Nein sagen, man weiß ja, was sich gehört!

Schön haben sie sich eingerichtet, rustikal und ohne Firlefanz. Die Kinder sind zutraulich und gut erzogen. Sagen „danke" und „bitte". Essen den Teller leer, ohne zu meckern. Kauen auch die Kruste vom Brot. Spielen schön. Streiten wenig. Diese Beurteilung verbreitet sich im Dorf. Was einer weiß, wissen bald alle, ob sie es hören wollen oder nicht.

Dann machen die jungen Leute den alten Stall für Schafe zurecht. Ob das was wird? Sie kaufen vom Schäfer im Nachbarort drei trächtige Milchschafe und eine Ziege. Schafe sind anders als Pferde, gehen durch alle Elektrozäune, fressen alle Büsche ratzekahl. Das wird bestimmt ein schönes Theater werden!

Und das wird es – buchstäblich! Dreimal pro Woche laden sie eines der Schafe hinten in ihren Kombi, und einer der Erwachsenen fährt für mehrere Stunden damit weg. Was das soll? Man kann ja mal fragen, so nebenbei, auf Hochdeutsch, das Platt verstehen sie noch nicht so gut.

„Das Schauspielhaus Frankfurt braucht für diese Saison ein Schaf auf der Bühne, gleich zu Beginn im ersten Akt! Einer dort kennt uns und hat gefragt, ob wir das übernehmen. Sie zahlen für jeden Auftritt gutes Geld. Wir hoffen, es reicht für das Winterfutter, die Schermaschine, Kardierkämme und ein Spinnrad! Unsere Eurydike wird das hoffentlich einspielen!"

Das sind viele seltsame Informationen auf einmal. Das Schaf mit dem komischen Namen wird in die Stadt gefahren und hat da eine Rolle? Jetzt scheint festzustehen – die Städter machen Theater! Sie spinnen!

„Möchten Sie mal mitfahren ins Theater?", fragt die junge Frau jetzt. „Wir haben immer ein paar Freikarten! Es ist eine Oper, die Geschichte von Orpheus."

Lieber Himmel – als hätte man dazu so einfach Zeit, mitten in der Woche. Andererseits – es kann ja vielleicht nicht schaden, sich mal näher kennenzulernen. So eine Fahrt ist eine gute Gelegenheit zur Unterhaltung. Im Dorf muss man ja zusammenhalten, oder? Das war schon immer so ...

Der Theaterbesuch löst Freude aus und Vorbehalte auf. Toll, wie die wollene Eurydingsda Aufzug fährt, ihren Platz einnimmt und im Rampenlicht blökt! Das Stück ist amüsant. Die Unterhaltung im Auto noch mehr. Jetzt weiß man so einiges über die Familie. Wenn man was voneinander kennt, beginnt man, eine Gemeinschaft zu werden. Wenn sie auch ein bisschen anders sind.

Das macht ja nichts. Wir spinnen ja alle manchmal.

Tatsächlich spinnen sie im darauffolgenden Frühjahr. Die Schafe sehen zwar nach dem Scheren aus, als müsste man den Tierschutz informieren – völlig schief und quer haben sie die Wolle runterrasiert. „Gut, dass im Theater gerade Spielpause ist!", sagen sie lachend. „Haare wachsen ja nach!" Dann haben sie das ganze Vlies gewaschen und gekämmt, tagelang waren sie im Garten beschäftigt.

Und jetzt spinnt die Frau! Zwischendurch flucht sie leise vor sich hin, der Faden will nicht halten, reißt immer wieder oder wird abwechselnd dünn wie Zwirn und dann wieder dick wie Kordel. So kann das doch nichts werden. Da soll doch die Anna mal vorbeischauen, die Leiterin des Landfrauenvereins, und ihr zeigen, wie das geht. Die kann das noch, sie leitet das Heimatmuseum und interessiert sich für altes Handwerk.

Anna kommt und findet eine dankbare und lernfähige Schülerin vor. Es dauert nicht lange, da surrt das Spinnrad! Der Faden läuft gleichmäßig und glatt auf die Spule. Anna nickt zufrieden. Die stellen sich gar nicht so blöd an, die Städter! Ob sie mal einen Nachmittag für die Landfrauen mitgestalten wollen? Fragen kostet ja nichts. Die Antwort ist eine prompte Zusage! So spinnt sich auch ein tragfähiger Faden der Zugehörigkeit.

Im Frühjahr darauf findet in der Grundschule ein Projekt statt – „Vom Schaf zum Pulli" heißt es! Die Kinder sind richtig begeistert dabei. Schön, dass die Spinner aus der Stadt jetzt dazugehören und die Gemeinschaft bereichern! Verschieden zu sein ist ein Gewinn, wenn man seine Berührungsangst überwunden hat!

UNERSETZLICH

Der Urlaub in den Bergen hatte so
schön angefangen! Sie konnten in ihrer schlichten und einsamen Unterkunft
einfach entspannen, die gemeinsame
Zeit genießen, wandern, im See baden, am Lager-
feuer lesen und vorlesen. Timm hatte einen Freund
eingeladen, weil seine beiden kleinen Schwestern
nicht die geeigneten Spielpartnerinnen für ihn
waren. Die beiden Jungen verstanden sich prima.
Es gab keine Langeweile, keiner vermisste den Lu-
xus und Service eines Hotelbetriebs. Auch die beiden Schildkröten von Timm waren mitgereist – er
wollte sie nicht für mehrere Wochen allein lassen
und hatte ihnen hier einen soliden Auslauf aus
aufgeschichteten Steinen in der Wiese gebaut. Die
Kinder gingen manchmal mit den gepanzerten
Tieren „spazieren", setzten sie auf den Weg und
beobachteten ihre langsame und doch stetig vor-
wärtsstrebende Fortbewegung und die Suche nach
besonderen Kräutern und Gräsern. Oder sie holten
die Gießkanne mit dem sonnengewärmten Wasser
und spendeten den Reptilien einen lauen Regen-
guss.

Aber dann passierte das Unglück – eines Tages
fehlte eine der beiden Schildkröten! Wie vom Erd-
boden verschluckt, in Luft aufgelöst. Der Zaun
wirkte intakt, an einer Stelle waren die Steine

vielleicht etwas verschoben. Konnte die größere, Cassiopeia, womöglich herausgeklettert sein? Das kleinere männliche Tier, Oktan, war noch darin.

Eine hektische Suche begann, die dem Aufspüren der Stecknadel im Heuhaufen ähnelte. Wo konnte sie sein? Überall und nirgends. Timm war verzweifelt, machte sich Vorwürfe, wollte keinen Trost, begann sich mit dem Freund zu streiten und vergrub sich schließlich im Bett. So war es immer wieder mit ihm. Wenn Krisen kamen, waren die früheren Verhaltensweisen des verlassenen Kindes wieder da und lagen wie Steine auf dem Weg zwischen ihm und dem Rest der Welt.

Die anderen suchten weiter, berieten sich über die unwahrscheinliche Möglichkeit eines Diebstahls, machten einen Aushang im Kaufladen des nahegelegenen Dorfes. Aber mit jedem verstreichenden Tag der Ferien sank die Hoffnung, Cassiopeia wiederzufinden. Timm fing sich wieder und suchte mit seinem Kumpel weiter bis zur Abreise. Es war ein sehr trauriger Moment, als das alleingelegene Haus auf der großen Wiese aus dem Sichtfeld verschwand und mit ihm die letzte Hoffnung.

Inzwischen ist es Herbst geworden.

„Wollen wir versuchen, eine neue Freundin für Oktan zu finden? Wir können den Züchter anrufen", schlagen die Eltern vor. Timm schüttelt den Kopf. „Es wäre nicht dasselbe!" Er wintert seinen

Oktan vorschriftsmäßig ein. Er wird gebadet, gewogen und in feuchtes Laub und Moos gebettet, bevor er in den Kühlschrank kommt, schön abgedunkelt und bei der stabilen Temperatur von 5 Grad Celsius. Timm hat einen dicken Kloß im Hals, als er an Cassiopeia denkt, die bald irgendwo im Tiefschnee steckt, falls sie noch lebt. Wie soll sie es schaffen, sich in der harten und verwurzelten Wiesenerde einzugraben? Sie wird erfrieren. Im nächsten Sommer wird er womöglich ihren leeren Panzer irgendwo auf der Wiese beim Urlaubshaus finden ...

Die Eltern staunen über seine Fähigkeit zu trauern und über seine Treue. Sie sind beeindruckt davon, dass er nicht nach einem Ersatz verlangt. Das ist doch die zweite, die dunkle und unausweichliche Hälfte von Beziehung und Bindung, die er nur so schwer eingehen, nur mit viel Hilfe halten kann! Wie gerne würden sie ihm über den immer wieder aufflammenden Kummer hinweghelfen!

In Frühjahr besuchen sie zusammen das nahe gelegene Tierheim. Sie fragen nach, ob dort ehrenamtliche Helferinnen und Helfer benötigt werden. Und ihr Angebot wird gerne angenommen! Zweimal pro Woche treffen sie sich nun mit anderen Freiwilligen dort, um Gehege und Käfige zu säubern, die Hunde auszuführen und die Katzen zu streicheln.

Als ein Wurf junger Kätzchen abgegeben wird, wird Timms Herz weich. Er, der seine Vergangenheit im Schicksal der zurückgelassenen Tiere wiedererkennt, sitzt verzaubert im alten Sessel des Katzenhauses und hält die kleinen Katzen auf dem Schoß. Er, der bei Zärtlichkeiten so abweisend ist wie ein Kaktus, wird sanft und zugänglich. Das getigerte Kleine ist ihm noch lieber als alle anderen. Es ist besonders lebhaft und wild. Es zieht im Frühsommer bei ihnen zu Hause ein.

Und in den Ferien fährt der kleine Kater Mikesch mit in die Berge! Auch Timms Freund ist wieder mit von der Partie. Dieses Mal wollen sie angeln und Fische über dem offenen Feuer grillen. Dazu braucht man geeignete Ruten und Stöcke. Sie ziehen wie Pioniere mit ihren gefährlich aussehenden Taschenmessern los, um im nahen Bachbett etwas Passendes zu schneiden. Die Eltern schauen ihnen belustigt nach. Da – kurze Zeit später, gellt ein ohrenbetäubender Schrei aus dem Gebüsch. O weh, jetzt hat sich einer von beiden geschnitten, denken die Erwachsenen. Sie laufen los, aber da tauchen die Jungen schon auf, rennen ihnen entgegen, Timm hält etwas in den Händen, das sie zuerst nicht erkennen.

Es ist – Cassiopeia!

Alle sind sprachlos vor Staunen und Freude. Es gibt keinen Zweifel. Ihre Panzermaserung am Bauch ist individuell wie ein Fingerabdruck. Sie ist es! Sie ist wieder da! Hat sich ins Bachbett gesetzt, um sich finden zu lassen! Ein unglaubliches Tier! Sie bekommt eine Tomate aufgeschnitten, die sie gierig verschlingt, bevor Timm sie in den „Hochsicherheitstrakt" entlässt, den er für Oktan in diesem Jahr gebaut hat. Es sieht aus, als würden die beiden Panzerträger sich wiedererkennen! Das Katzenkind beobachtet die wandernden Steine mit Misstrauen und stupst sie dann mit seinem weichen Pfötchen an. Timm lächelt selig. Es ist das Lächeln eines treuen Freundes bei einem unverhofften Wiedersehen. Dann drückt er sein Kätzchen an sich und ahmt das Schnurren des kleinen zarten Wesens nach. Die Eltern sind gerührt.

Sein Freund macht ein Erinnerungsfoto. Es zeigt einen fröhlichen Jungen mit seinen Tieren. Für Menschen, die tieferen Einblick haben, macht es sichtbar, dass heilsame Entwicklung möglich ist und dass es sich lohnt, die Hoffnung nie aufzugeben.

SICH TREU BLEIBEN

Es gibt Tage,
da wäre ich gern wie unsere Schildkröte.
Sie ist ganz und gar friedlich,
tut keiner Fliege etwas zuleide,
hat keine Waffen,
lebt bescheiden,
ist mit wenig zufrieden und satt
und verschläft die Kälte und den Frost.

Wartet einfach ab, bis die Sonne scheint.
Lässt sich wärmen, damit sie zu Kräften kommt,
marschiert los und untersucht den Duft der Kräuter,
die Beschaffenheit des Untergrundes,
die Wetterlage in den nächsten fünfzehn Minuten.
Wenn es gefährlich zu werden droht,
Kinderfüße oder Katzenpfoten zu nahe kommen,
zieht sie sich einfach in ihr Haus zurück.

Sie hat dieses gepanzerte Haus,
um das ich sie beneide.
Sie hat es immer dabei
und bleibt dennoch erstaunlich beweglich.
Ich habe nur meine dünne Haut,
mich trifft die Frechheit, die Gemeinheit,
Schimpfworte prasseln ungeschützt
auf meinen Kopf,
böse Nachrichten und was mir stinkt,
bleiben im Hirn.

Aber ich bin und bleibe ein Mensch,
mit allem, was an Empfindlichkeit dazugehört.
Vielleicht ist es ein Anfang, wenn ich versuche,
selber nicht zu viele andere zu verletzen,
dicht am Boden nach etwas Schönem zu suchen
und innerlich einen kleinen Ort zu reservieren,
wo ich, ganz für mich, den Kopf einziehen kann,
wenn mir das Wetter dazu geraten scheint.

Langsam werde ich dann auch weiterkommen.

VOKABELN DER FREUNDSCHAFT

Hundefreundinnen und -freunde finden einander, oder sie werden von ihren jeweiligen Vierbeinern an der Leine zueinander gezerrt. Und schon hat man ein gemeinsames Thema, lässt sich ein und tauscht sich aus.

Man trifft sich regelmäßig, Hunde haben eben ihre Bedürfnisse und fordern Struktur! Das ist ein Wert, den wir nicht geringschätzen sollten! Struktur verhilft zu geordneten Abläufen, bewahrt vor dem Absacken in die Abgründe einer Depression, beugt dem Chaos vor, macht sich in gutem Zeitmanagement bemerkbar.

Auf der Hunderunde komme ich immer an einer Weide vorbei, auf der den Sommer über ein paar Pferde grasen. Montags und donnerstags kommen kranke Kinder zum Reiten dorthin. Die Tiere werden von einer Horde Pferdemädchen abwechselnd versorgt und bewegt. Eines der Mädchen fällt mir auf. Sie ist immer da. Sie scheint in besonderer Weise zu einem weißen Pferd zu gehören, das von der Herde getrennt steht und auch jetzt bei ihr ist, unter dem Apfelbaum, im Halbschatten. Weil ich jetzt zur Gemeinschaft der Tierfreunde zähle, bleibe ich stehen und sehe genauer hin. Und ich traue meinen Ohren nicht: Sie liest dem Pferd vor! Seite um Seite Lateinvokabeln – ob sie mit ihm im Zirkus auftreten will?

Während der Dackel Rasmus am Wiesenrain offenbar eine Kaninchen-Geschichte erschnüffelt, höre ich zu. Sie schaut jetzt nur noch ins Buch, um zu überprüfen, ob sie die Adjektive richtig dekliniert hat. Da entdeckt sie mich. Ich winke ihr freundlich zu und bestätige mit erhobenem Daumen, dass sie alles richtig gemacht hat. Sie lächelt und kommt auf mich zu. „Warum übst du mit deinem Pferd lateinische Grammatik?", will ich wissen. „Bereitest du es auf eine Prüfung vor?"

Sie lacht und schüttelt den Kopf. „Es ist nur, weil sie krank ist. Sie ist ruhiggestellt und darf nicht zu den anderen. Ich vertreibe ihr die Langeweile und mach dabei meine Hausaufgaben!"

Was denn ihrem Pferd fehlt? Das ist eine lange Geschichte, sagt sie und will wissen, ob ich sie hören mag. Gern. Wir setzen uns unter den Apfelbaum, wo Mia auf ihre Lateinlehrerin gewartet hat. Jetzt sehe ich den dicken Verband ums linke Hinterbein und erfahre, dass sie eine Trittverletzung hatte, die sich übel entzündet hat. Die Medikamente greifen nicht. Der Tierarzt hat dazu geraten, sie einschläfern zu lassen. Er denkt, dass sie nie mehr geritten werden kann. Und dann sagt das Mädchen einen Satz, der noch lange in mir nachklingt:

„Aber das ist mir egal. Wenn ich nicht mehr reiten kann, gehen wir eben zusammen spazieren! Man wirft doch nicht ein ganzes Leben weg, nur weil es ein bisschen beschädigt ist!"

Später am Tag bin ich im Pflegeheim, um meine Nachbarin zu besuchen, die sich nur langsam von den Folgen ihres Schlaganfalls erholt. Sie ist niedergeschlagen, hat keinen Lebensmut mehr. Sie weint ein bisschen und sagt mir, dass sie am liebsten gestorben wäre.

„Aber nein!", wende ich ein. „Man wirft doch nicht ein ganzes Leben weg, nur weil es ein bisschen beschädigt ist!" Sie hält inne, blickt auf, schaut mich an. Dann stiehlt sich ein Lächeln auf ihr Gesicht. Und noch jemand hat mir zugehört. Die junge Frau, die hier mit halber Stelle in der Betreuung arbeitet. „Das ist ein schöner Satz, ein wichtiger Satz. Den hätte ich auch schon mal gebrauchen können!", sagt sie.

„Es ist gar nicht meiner", erkläre ich. „Eine sehr treue Pferdefreundin hat ihn mir heute geschenkt. Sie lernt mit ihrem lahmen Vierbeiner Latein!" Meine Nachbarin lacht. Die junge Frau auch. „Ich glaube, ich kenne sie. Montags bin ich immer mit unserem Sohn dort zum Reiten. Er sitzt im Rollstuhl. Das Reiten hilft – nicht nur ihm." Sie streichelt kurz ihren gerundeten Babybauch, der unter ihrem buntgemusterten Kittel zu ahnen ist. „Und seine Schwester kommt auch aufs Pferd, sobald sie sitzen kann. Für etwas Schönes muss man doch nicht erst behindert sein!"

EIN BESONDERES WEIHNACHTSFEST

Schulaufsatz von Timm

Bei uns ist das Weihnachtszimmer immer schon am Vorabend fertig vorbereitet, so dass am 24. Dezember morgens nur noch schöne und erfreuliche Tätigkeiten auf uns warten. Meine jüngeren Geschwister und ich tragen im Dorf Geschenke aus, probieren bei den Leuten, die wir antreffen, die Plätzchen und wünschen ein frohes Fest. Unsere Eltern gratulieren einer Freundin, die mit dem Christkind zusammen Geburtstag hat und stoßen schon mal mit ihr an. Ich besuche dann noch die alte alleinstehende Frau in der übernächsten Straße, deren Hund ich regelmäßig betreue. Sheila ist eine mittelgroße Mischlingshündin mit ein paar „charakterlichen Besonderheiten". So drückt Frau Grau es aus. Sie ist ihr Ein-und-Alles! Beide sind nicht mehr ganz jung und auch nicht mehr gut zu Fuß. Frau Grau kann eigentlich gar nicht mehr ohne ihren Rollator ins Freie, sie benutzt ihn sogar im Haus.

Sheila wird viel zu reichlich gefüttert. Sie gehört zu den Hunden, die bei jeder Mahlzeit am Tisch sitzen und sabbern, weil sie hoffen, dass gleich was für sie abfällt. Sie hört nicht gut – und das liegt nicht nur am Gehör! Sie sieht auch nicht mehr besonders gut, und auch damit ähnelt sie ihrem Frauchen. Ich bringe den beiden am Heiligabend immer selbstgebackene Kekse – eine Tüte Spritzgebäck für Frau Grau und einen Beutel gesunder Hundeplätzchen für Sheila.

Ich mache mich mit dem verabredeten Klopfen bemerkbar und schließe dann auf wie immer, damit sich keiner von den beiden mühsam oder kläffend zur Tür bewegen und mich reinlassen muss. Komisch, heute antwortet mir niemand auf mein „Hallo!", und es ist seltsam still im ganzen Haus.

Ich gehe bis zur Schlafzimmertür. Da liegen sie nachts und zum Mittagsschlaf gemeinsam im großen Ehebett, das nach dem Tod von Herrn Grau einfach stehengeblieben ist. Für Sheila ist seine hinterlassene Hälfte natürlich viel zu groß, aber Frau Grau fühlt sich dann nicht so einsam, sagt sie.

Ich klopfe an die Tür. Sie ist nur angelehnt. Als ich vorsichtig reinschaue, kriege ich einen Riesenschreck! Der Hund liegt schwer hechelnd auf seiner Bettseite, seine Besitzerin sitzt händeringend daneben und versucht, Sheila eine zerbröckelte Tablette einzuflößen. Tränen laufen ihr übers Gesicht. Sie bemerkt mich erst, als ich reinkomme und mich runterbeuge zum Hund.

„Gott sei Dank, du bist da!", sagt die aufgelöste Frau Grau. „Sheila ist aus dem Bett gefallen heute Nacht, ich hab sie kaum wieder reingekriegt, bestimmt hat sie einen Schock oder womöglich was gebrochen. Du musst den Tierarzt rufen! Ich finde die Nummer nicht, und meine Brille ist auch weg ...“ Ich kenne den Tierarzt. Sein Sohn geht in meine Klasse. Tatsächlich, er verspricht zu kommen, obwohl an Heiligabend eigentlich der tierärztliche Notdienst zuständig wäre. Aber Sheila kennt er schon lange und auch die schrullige Besitzerin.

Während wir auf ihn warten, erzählt Frau Grau immer wieder die gleiche Geschichte von dem nächtlichen Sturz. Ein Wunder, dass sie nicht auch selbst gefallen ist, als sie die Hündin hochgestemmt hat. Bestimmt hätte sie sich lieber danebengelegt, als im Bett zu schlafen und Sheila am Boden zu lassen.

Endlich klingelt es. Der Tierdoktor begrüßt uns kurz und beugt sich über seinen Patienten, prüft Puls und Herz, tastet den alten Körper und die Beine ab. Er sieht besorgt aus. Und dann spricht er aus, wovor es Frau Grau graut. „Multiples Organversagen. Ich kann nichts mehr tun. Wir müssen sie erlösen.“

Jetzt weint die alte Dame laut und herzerweichend auf. Der Moment, vor dem sie sich schon lange gefürchtet hat, ist gekommen. „So ist das, wenn man sein Herz an etwas Lebendiges hängt“, hat sie schon oft gesagt. „Dann muss man irgendwann leiden!“

Sie streichelt das lockige Fell ihrer Hundefreundin und Schlafkameradin, als der Arzt die Spritze vorbereitet. Sheila hat schon ein Beruhigungsmittel bekommen und ist ganz friedlich. Sie zuckt nicht einmal zusammen, als er ihr dann die tödliche Dosis verabreicht. Bleibt einfach liegen und hört auf zu atmen. Ihr Blick wird leer. Die freundlichen Hundeaugen wirken wie aus Glas.

Der Doktor drückt Frau Grau kurz die Schulter, dann geht er rasch aus dem Haus.

Ich bleibe da und weine auch eine Runde. Nicht wegen meines Jobs, der hiermit endet. Es ist besonders schlimm, weil heute ein Tag ist, an dem es allen gutgehen soll. Friede auf Erden und den Menschen ein Wohlgefallen – und dann ein toter Hundefreund!

Nach einiger Zeit hole ich einen Spaten und frage Frau Grau, wo im Garten ich eine Ruhestätte vorbereiten soll. Zum Glück fällt mir das würdige Wort ein! Ich kann doch nicht sagen: „Wo soll ich das Loch schaufeln?"

Der Boden ist verschlammt und schwer. Meine Schuhe sind total lehmig, als ich den Körper von Sheila im Bettlaken einpacke und aus dem Haus trage. Frau Grau sitzt auf dem Gartenstuhl, den ich bereitgestellt habe.

Ich lasse mir eine angemessene Zeremonie einfallen, spreche über die schöne und lange gemeinsame Zeit. Und ein Gebet gehört auch dazu. Dann schaufle ich das Grab wieder zu. Wir weinen gemeinsam dabei.

Zu Hause denken sie bestimmt, ich bin bei einem Kumpel hängen geblieben. Ich rufe sie kurz an, auch weil ich jetzt nicht weiterweiß. Ich kann die todtraurige Frau doch nicht hier sitzen lassen!

Meine Mutter kommt mit dem Auto. Sie ist Notfall-Seelsorgerin und das hier ist ein echter Notfall! Sie spricht nicht viel, hört sich die ganze traurige Geschichte nochmals an und bringt Frau Grau dann mit ein paar gezielten Sätzen dazu, einzusteigen und den weiteren Tag mit uns zu verbringen.

„Das wird bestimmt der traurigste Weihnachtsabend, den wir jemals hatten!", denke ich, als wir auf unseren Hof fahren. Aber es wird gar nicht schlimm! Nachdem wir alle unser Beileid ausgesprochen haben, gibt es zur Vorspeise Hühnersuppe. Die ist ja angeblich gut für die Seele. Unsere Oma und Frau Grau sitzen beieinander und kommen schnell ins Gespräch. Die vielen Menschen ringsum tun ihr ebenfalls gut. Als mein Kater ihr auf den Schoß springt, ist sie sogar für den Moment richtig glücklich! Das Schnurren beruhigt und wärmt ihr die Knie und das Herz. Als es ans Beschenken geht, denke ich mit Schrecken an meine Kekse, die in ihrer einsamen Wohnung liegen und nicht mehr gebraucht werden. Zum Glück zaubert meine Schwester noch ein Päckchen mit einem schönen Kalender hervor, so dass unser Gast auch etwas auszupacken hat.

Wir gehen nach dem Abendessen noch gemeinsam in die Christmette. Danach bringen wir Frau Grau in ihr leeres Haus zurück. Sie ist total erschöpft und schläft schon fast. Ihre letzten Worte an diesem Weihnachtsabend sind: „Sheila ist jetzt schon erlöst. Bei mir dauert es wohl noch ein bisschen. Ich danke euch!"

Sie ist ein paar Wochen später an einer Embolie gestorben. Bis dahin habe ich sie jeden Tag besucht, als ob Sheila noch da wäre. Und irgendwie war sie auch da, wir haben viel über sie gesprochen und ihre Fotos angeschaut.

Ich weiß jetzt, was für ein wertvoller Kamerad ein Tier sein kann. Seine Treue macht es zu etwas ganz Besonderem. Später werde ich auch einen Hund haben!

Timm

SEGEN

Ein Segen,
wenn du dem Leben wieder trauen kannst,
nach geplatzten Seifenblasen enttäuschter Hoffnung,
nach großen Traurigkeiten und tiefer Trauer.

Ein Segen,
wenn sich ein Fenster auftut,
nachdem dir eine Tür zugeschlagen wurde,
in der du einen Fuß hattest,
der noch immer schmerzt.

Ein Segen,
wenn da jemand ist, für den du wichtig bist,
der auf dich wartet und treu zu dir hält
und dessen Treue dich rührt und dich ansteckt.

Ein Segen,
wenn du selbst ein Segen wirst,
für Hinz und Kunz, Kind und Kegel,
Hund und Katz, Mann und Maus.

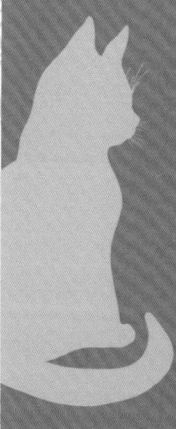

Ein Segen,
wenn das auf deiner Werteskala ganz oben steht,
wenn du weißt, was wirklich wichtig ist,
wofür es sich zu leben lohnt.

Zur Autorin:
Regina Groot Bramel, geb. 1960, ist Sozialpädagogin, Religionslehrerin, Pferdewirtin, Reittherapeutin, Autorin; Mutter von vier leiblichen Kindern und acht Pflegekindern; arbeitet beim St.-Elisabeth-Verein, Marburg, einem Jugendhilfe-Träger der Diakonie in den Bereichen Ambulante Familienhilfe und stationäre Inobhutnahme.

Bildnachweis:
iStock: incomible. shutterstock: AVA Bitter, viola 6666, Alexandra Cosmoss, orange_rainbow, rozmarin, A7880S, Zinaida_Zn, Galakam, Mangata.

ISBN 978-3-86917-771-7
© 2020 Verlag am Eschbach
Verlagsgruppe Patmos in der Schwabenverlag AG, Ostfildern
Im Alten Rathaus/Hauptstraße 37
D-79427 Eschbach/Markgräflerland
Alle Rechte vorbehalten.

www.verlag-am-eschbach.de

Gesamtgestaltung: Angelika Kraut, Verlag am Eschbach
Kalligrafie: Ulli Wunsch, Wehr
Herstellung: Neue Süddeutsche Verlagsdruckerei GmbH, Ulm

Dieser Baum steht für umweltschonende Ressourcenverwendung, individuelle Handarbeit und sorgfältige Herstellung.